뇌 훈련 · 노화방지에 도움되는

어른을 위한
미로 찾기

뇌 훈련 · 노화방지에 도움되는

어른을 위한
미로 찾기

Vitamin Book
헬스케어

뇌 운동으로 뇌를 젊게!

사람이 나이를 먹어 노화가 진행되면 뇌도 함께 늙어갑니다. 뇌의 인지능력이 떨어져서 새로 배운 것을 기억해 내는 힘은 점점 저하되지만 지혜나 지식, 경험은 나이를 먹을수록 축적됩니다. 오랫동안 지식이나 경험이 계속 쌓이다 보니 삶에서 우러나온 지혜는 오히려 젊은이들보다 뛰어난 경우가 많습니다.

뇌는 나이와 상관없이 변화하고 발달할 수 있습니다. 그러므로 뇌를 잘 알고 관리하면 노화의 속도를 늦출 수 있으며 기억력도 더 좋아질 수 있습니다. 때때로 생각이 나지 않는 상황과 맞닥뜨릴 때는 나이를 탓하며 포기하지 말고 기억력 향상에 도움을 주는 방법을 찾아 노력해 봅시다.

뇌가 젊어지는 방법

1) 꾸준히 두뇌 활동을 한다 : 손을 사용하여 뇌를 자극하면 좋습니다. 종이접기, 색칠하기, 퍼즐 등을 자주 풀면 뇌의 기능을 향상시킬 수 있습니다.

2) 몸을 움직인다 : 유산소 운동이나 근육 운동을 늘립니다. 근육 운동뿐 아니라 사회활동과 긍정적인 사고를 하는 사람은 치매에 걸릴 확률이 낮아집니다. 걷기, 등산, 수영, 명상 등 운동을 꾸준히 합니다.

3) 식사에 신경을 쓴다 : 뇌를 지키기 위해서는 제때에 규칙적으로 식사하고 생선·채소·과일 등을 많이 섭취하며 기름진 음식은 자제하도록 합니다. 특히 비만이 되지 않도록 체중 조절에 신경 써야 합니다.

4) 사람들과 적극적으로 교류한다 : 다양한 인간관계를 유지하고 여러 사람과 교류하도록 노력해야 합니다. 봉사활동 등을 통해 좀 더 다양하고 친밀한 사회적 관계를 맺을 수 있습니다. 홀로 집에만 있지 말고 밖으로 나가서 만나도록 합시다.

머리말

미로를 찾다 보면 집중력이 좋아집니다!

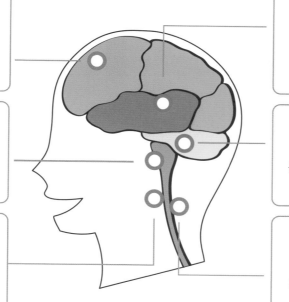

대뇌
사고, 판단, 추리 등 고도의 정신활동이 이루어진다.

중뇌
안구운동 등 눈의 활동과 호르몬, 체온, 식욕 등을 조절.

연수
심장 박동, 호흡, 소화기관 운동조절 등 생명 유지에 필수적인 활동을 한다.

간뇌
체온조절, 체액 성분을 일정하게 유지. 감각신경이 모여 대뇌의 감각 중추로 이동.

소뇌
몸의 근육운동을 조절하고 몸의 균형을 유지하는 역할. 반복을 통한 습득 역할.

척수
운동, 감각, 자율신경이 지나가는 통로. 뇌의 명령이나 자극에 대한 흥분을 전달.

뇌의 기능

미로 찾기는 집중력을 키우는 데 가장 효과적인 방법입니다. 또한 다양한 이미지로 즐기는 놀이는 두뇌활동은 물론이고 감성도와 건강에도 효과적입니다. 이 책 '어른을 위한 미로 찾기'는 어른과 어린이들이 좋아하는 여러 가지 그림만을 선택하여 제작되었습니다.

이 책의 특징은 내용 선택의 폭이 넓어져 누구나 함께 즐길 수 있으며, 두뇌 발달과 창의력 발달을 위한 재미있는 놀이로 좋을 뿐만 아니라 감성적인 효과도 거둘 수 있을 것입니다. 여행할 때나 틈틈이 시간 날 때마다 잠시 쉬어갈 때 미로 찾기를 하면서 건강한 삶이 이어지기를 기원합니다.

차 례

낚시터를 찾아서 ①

정답은 다음 페이지에 있어요

아기 오리를 찾아서 ②

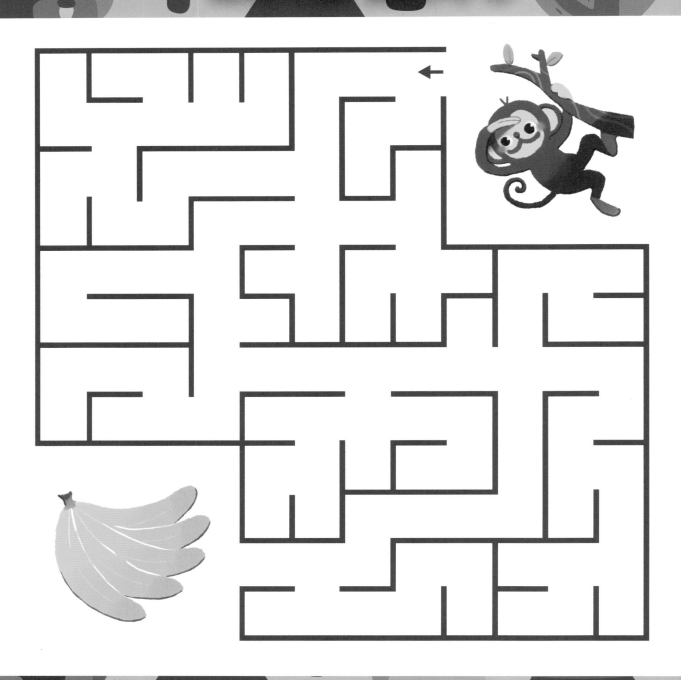

1 ㅅ		2 ㅂ		3 ㅂ	
		4 ㅊ			
5 ㅅ					
		6 ㄷ			7 ㄹ
	8 ㅈ				

가로세로 열쇠

가로 열쇠

1 조선시대 3대 화가. 풍속화를 많이 그렸고 호는 혜원.

4 넓은 바다의 작은 좁쌀 하나. 무수한 것 중에 미미한 존재를 비유함.

5 새벽 동이 틀 때의 빛. 희망의 징조를 말함.

6 겨울 부채와 여름 난로. 시기가 맞지 않아 불필요한 물건.

8 아주 대단히 아름다운 경치.

세로 열쇠

1 옛날 사람을 판단하는 기준으로 꼽은 네 가지. 용모, 언변, 글씨, 판단력.

2 명령을 그대로 반복하여 말함. 군대에서 많이 하는 것.

3 아주 짧게 끝나는 권력. 나폴레옹이 엘바섬을 탈출하여 통치한 짧은 기간.

6 경험해 보지 못한 대상을 우러러 보고 그리워함.

7 호텔이나 큰 건물에서 사람들이 만나는 넓은 공간. 권력자를 몰래 만나 설득함.

5	2	4	8		1	9	7	
3		1	2	7	5	6		8
7	6	8		3	9	2	5	1
6	4	9	3		7	1	2	5
2	3	5		9	6		8	7
	1	7	5	4	2	3	6	9
	5		7	1	3	8	9	6
9	8	3	6		4	7		2
1	7	6	9	2	8	5	3	4

¹신	윤	²복		³백	
언		⁴창	해	일	속
⁵서	광			천	
판		⁶동	선	하	⁷로
	⁸절	경			비

5	2	4	8	6	1	9	7	3
3	9	1	2	7	5	6	4	8
7	6	8	4	3	9	2	5	1
6	4	9	3	8	7	1	2	5
2	3	5	1	9	6	4	8	7
8	1	7	5	4	2	3	6	9
4	5	2	7	1	3	8	9	6
9	8	3	6	5	4	7	1	2
1	7	6	9	2	8	5	3	4

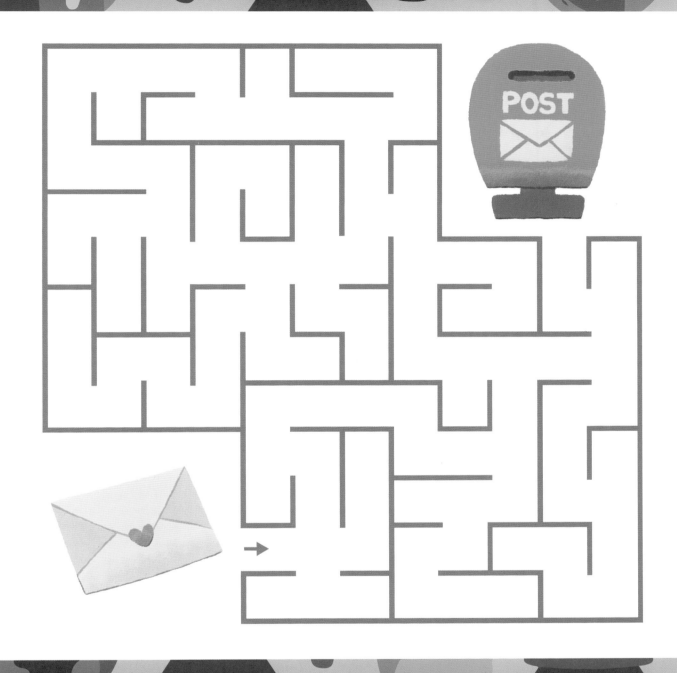

홍당무를 찾아서 ⑩

19

¹ ㄱ		² ㅈ			³ ㅅ
		⁴ ㅅ	⁵ ㅎ		
⁶ ㅅ	⁷ ㅎ				
	⁸ ㅇ				

가로세로 열쇠

가로 열쇠

1 금처럼 단단하고 난초처럼 향기로운 우정.

4 산과 바다의 진귀한 음식.

6 바다 밑에 있는 50cm 정도로 나뭇가지 모양의 군체.

8 노인이 산을 옮긴다. 끊임없이 노력하면 이룰 수 있다.

세로 열쇠

1 비단 천에 아름다운 수를 놓은 것이란 뜻으로 우리나라의 자연을
  비유한 말.

2 영호남에 걸쳐 있는 산으로 높이는 국내 2위.

3 미터의 100분의 1 길이.

5 일출을 순우리말로 하면?

7 긴 시간 동안 많은 양이 쏟아지는 비.

DATE

TIME

	3	1	9	4		2	8	7
7	4	2	8	3	1	6	5	9
9	8	5	2	7	6	4	3	
4	1	3	5	6	7	8	9	
8	2	7			9	5	6	4
5	9	6	4	8		1	7	3
3	7			2	8	9	1	5
1		9	7	5		3	2	8
2	5	8	1	9	3	7		6

¹금	란	²지	교		³센
수		리			티
강		⁴산	⁵해	진	미
⁶산	⁷호		돋		터
	⁸우	공	이	산	

6	3	1	9	4	5	2	8	7
7	4	2	8	3	1	6	5	9
9	8	5	2	7	6	4	3	1
4	1	3	5	6	7	8	9	2
8	2	7	3	1	9	5	6	4
5	9	6	4	8	2	1	7	3
3	7	4	6	2	8	9	1	5
1	6	9	7	5	4	3	2	8
2	5	8	1	9	3	7	4	6

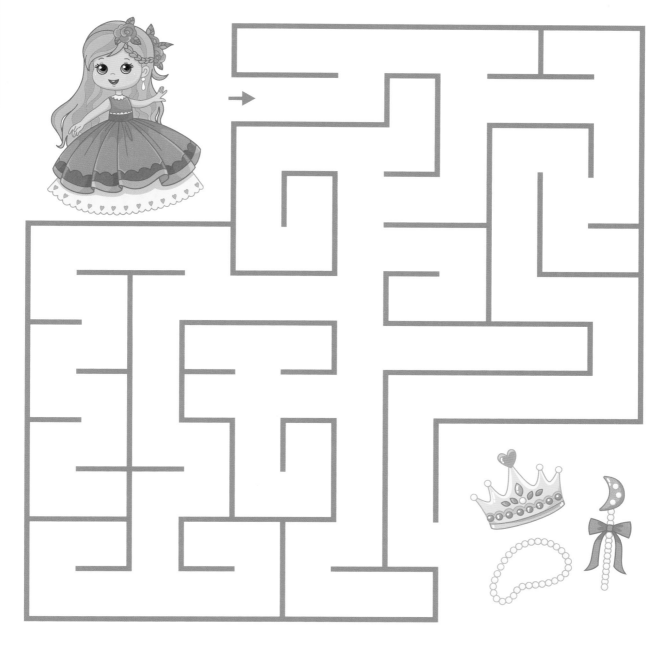

꿀벌 집을 찾아서 ⑮

27

¹ㅂ		²ㄷ			³ㅂ
				⁴ㅇ	
⁵ㅈ					
⁶ㅇ			⁷ㅎ		
			⁸ㅂ		

가로세로 열쇠

가로 열쇠

1 손뼉을 치며 큰 소리로 웃음.

4 겉으로 드러나지 않는 부분.

6 눈 내리는 한 겨울의 매서운 추위.

8 땅 속에 묻혀 있는 것을 파냄.

세로 열쇠

2 여러 사람이나 가족의 긴 역사를 다루는 장편소설.

3 힘든 일 해본 적 없고 세상 물정 모르고 고운 얼굴에 공부만 해 본
   사람.

5 인간으로서 최소한의 품위를 지키면서 죽을 수 있는 행위

7 장기간 비가 내리지 않음. 심한 가뭄.

8	6	7	9	3	5	2		4
2	3			4	1	8	6	5
1	4	5	6	2	8	7	3	
3	2	4		5	9	6		1
		8	2	1	6	4	5	3
6	5	1	3	7	4		8	2
4	8		1	9	3	5	2	7
5		2	4			3	9	
7	9	3	5	6	2	1		

¹박	장	²대	소		³백
		하		⁴이	면
⁵존		소			서
⁶엄	동	설	⁷한		생
사			⁸발	굴	

초원을 찾아서 ⑯

8	6	7	9	3	5	2	1	4
2	3	9	7	4	1	8	6	5
1	4	5	6	2	8	7	3	9
3	2	4	8	5	9	6	7	1
9	7	8	2	1	6	4	5	3
6	5	1	3	7	4	9	8	2
4	8	6	1	9	3	5	2	7
5	1	2	4	8	7	3	9	6
7	9	3	5	6	2	1	4	8

31

꽃을 찾아서 ⑰

32

새우를 찾아서 ⑲

1 ㅈ			**2** ㄱ		**3** ㄸ
			4 ㅇ	**5** ㄷ	
6 ㅂ		**7** ㄱ			
				8 ㄷ	
	9 ㅌ				

가로 열쇠

1 1969년부터 2000년대초까지 발행되었던 대표적인 복권.

4 홍길동전에 나오는 바다 건너 신비한 섬. 이상 사회.

6 봉투에 자기 이름을 적어 경조사에 내는 돈.

8 더 높은 단계로 발전함. 높이 솟아오름.

9 한탄하여 한숨을 쉼.

세로 열쇠

1 군것질을 자주 하는 버릇. 심심풀이로 먹는 간식.

2 임진왜란 때 행주산성에서 큰 승리를 거둔 장군.

3 한국인은 설날에 이것을 먹어야 나이를 먹는다.

5 길에서 듣고 길에서 말하다. 항간에 떠돌아다니는 뜬소문.

7 결혼 50주년을 기념하는 식.

SUDOKU
스도쿠

DATE		TIME

6	3	7	5	2	9	8	1	
8		4	6	1	3	5	2	7
1	2		4		7	9	3	6
3		9		6	1	4	7	8
2	1	6	7	4	8	3	9	
4	7	8		9	5	2	6	
5	6	2	9	7	4	1		8
7	8	3	1	5	2		4	9
			8	3		7	5	2

¹주	택	복	²권		³떡
전			⁴율	⁵도	국
⁶부	조	⁷금		청	
리		혼		⁸도	약
	⁹탄	식		설	

38

날 곳을 찾아서 ㉑

6	3	7	5	2	9	8	1	4
8	9	4	6	1	3	5	2	7
1	2	5	4	8	7	9	3	6
3	5	9	2	6	1	4	7	8
2	1	6	7	4	8	3	9	5
4	7	8	3	9	5	2	6	1
5	6	2	9	7	4	1	8	3
7	8	3	1	5	2	6	4	9
9	4	1	8	3	6	7	5	2

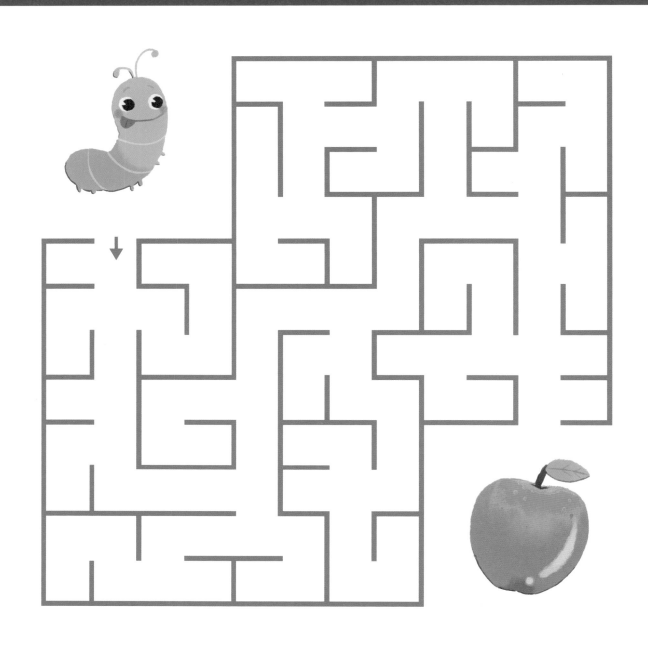

화분을 찾아서 ㉓

에스키모의 집을 찾아서 ㉔

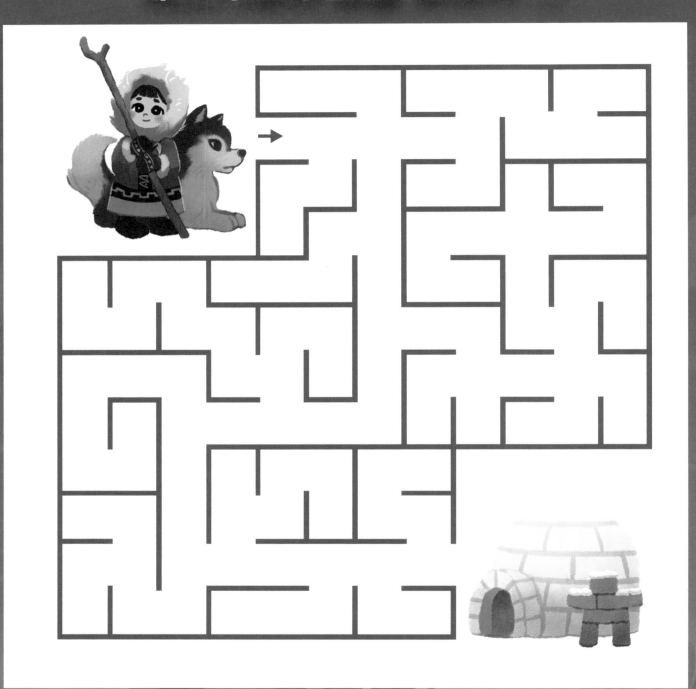

속담 게임

1. 가난한 집 ㅈ ㅅ 돌아오듯 한다.

힘든 일이 빈번히 닥쳐온다.

2. ㅇ ㅇ ㅅ ㅊ

먼 곳에 사는 친척보다 가까이 사는 남이 낫다.

3. 가는 날이 ㅈ ㄴ

뭔가 해보려는데 공교롭게도 방해 요소가 생긴다.

SUDOKU
스도쿠

	9	6	8	2		3	5	1
8	2	5	3	1	9		7	6
4	1	3	7		6	8		2
6	3	8		9		7		
2		1	4	3	7	9	6	8
9	4	7	6	8	2		1	3
1		2	9	4	3	6	8	5
5	6	4	1		8	2	3	9
3			2	6	5	1		7

1. 제사
2. 이웃사촌
3. 장날

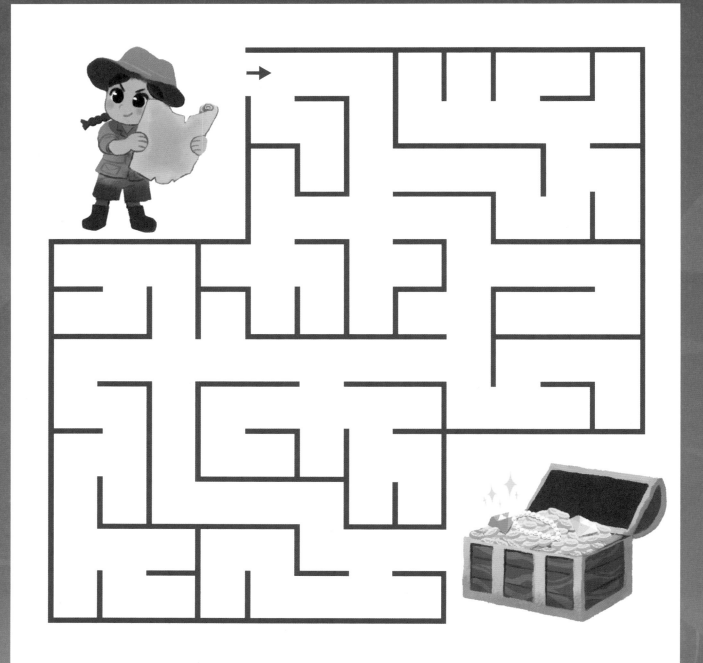

7	9	6	8	2	4	3	5	1
8	2	5	3	1	9	4	7	6
4	1	3	7	5	6	8	9	2
6	3	8	5	9	1	7	2	4
2	5	1	4	3	7	9	6	8
9	4	7	6	8	2	5	1	3
1	7	2	9	4	3	6	8	5
5	6	4	1	7	8	2	3	9
3	8	9	2	6	5	1	4	7

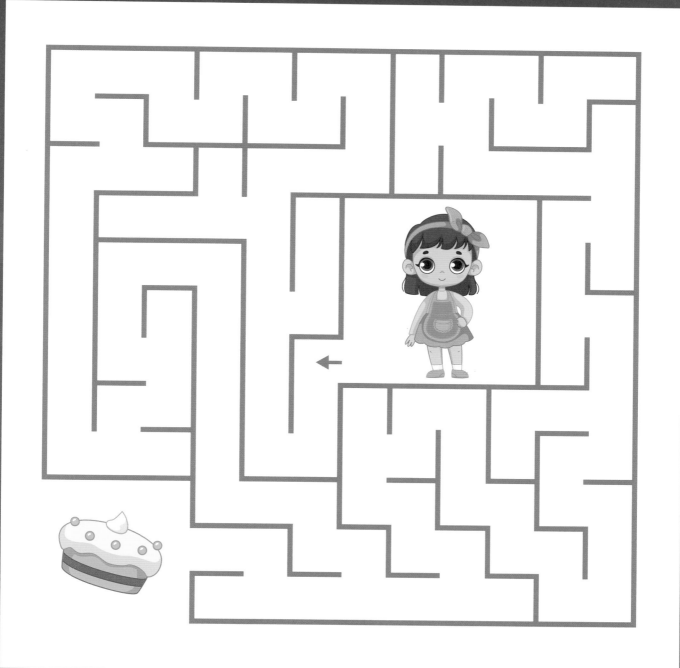

입구

출구

속담 게임

4. 갈수록 [ㅌ][ㅅ]

사건이 해결되기는커녕 점점 더 악화된다.

5. 부부 [ㅆ][ㅇ]은 [ㅋ]로 [ㅁ]베기

부부는 싸워도 금방 화해하기 쉽다.

6. [ㅅ][ㄷ][ㄱ] 3년이면 [ㅍ][ㅇ]을 읊는다.

처음엔 지식이 없더라도 한 분야에 오래 있으면 지식과 경험이 생긴다.

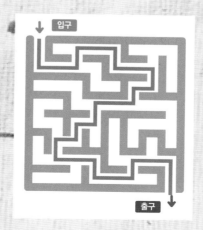

7	5	4	8	1	6	9	3	
3		1		7	4	8	6	5
	8		5		9	1		
1	2		3	6	8	4	5	9
4	3	8	9			2		6
5	6		4	2	7	3	1	8
	1	2	7		5		8	
8		5	6	9	3	7	2	
6	7	3	1	8	2		9	4

4. 태산

5. 싸움-칼-물

6. 서당개-풍월

출구를 찾아서 ㉛

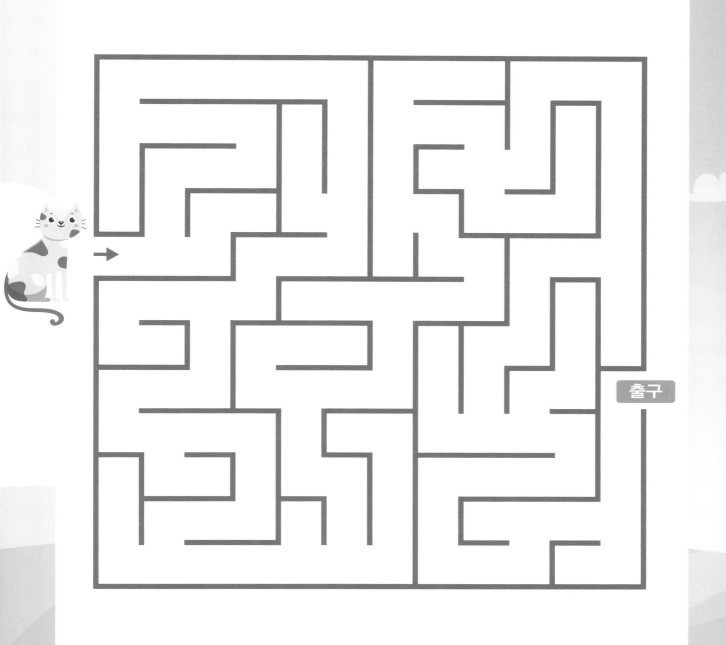

7	5	4	8	1	6	9	3	2
3	9	1	2	7	4	8	6	5
2	8	6	5	3	9	1	4	7
1	2	7	3	6	8	4	5	9
4	3	8	9	5	1	2	7	6
5	6	9	4	2	7	3	1	8
9	1	2	7	4	5	6	8	3
8	4	5	6	9	3	7	2	1
6	7	3	1	8	2	5	9	4

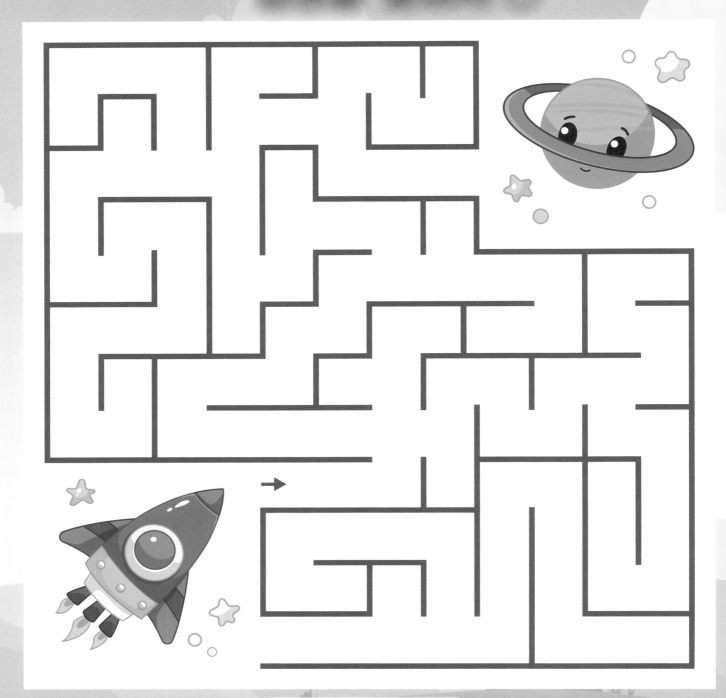

7. ㄱ ㄹ ㅂ 에 옷 젖는 줄 모른다.

재산이 조금씩 계속 축나면 결국 큰 손실이 된다.

8. ㄱ ㄹ 는 칠수록 고와지고
   ㅁ 은 할수록 거칠어진다.

언어가 거칠어지지 않도록 삼가야 한다.

9. ㄱ ㅁ 타고 ㅅ ㅈ 가기는 틀렸다.

격식을 제대로 갖춰서 일을 진행하기는 어렵게 됐다.

DATE

TIME

	8	6		7	4	1	3	2
	2	9	5	8	1			
	1	7	3	2	6	8	5	9
9	4		7	5	3	2		8
8		5	4		2	3	9	7
	3	2		6		5	1	4
	5	3	2			7	4	1
1	7		6	4	5		2	3
2	9	4	1			6	8	5

7. 가랑비
8. 가루-말
9. 가마-시집

5	8	6	9	7	4	1	3	2
3	2	9	5	8	1	4	7	6
4	1	7	3	2	6	8	5	9
9	4	1	7	5	3	2	6	8
8	6	5	4	1	2	3	9	7
7	3	2	8	6	9	5	1	4
6	5	3	2	9	8	7	4	1
1	7	8	6	4	5	9	2	3
2	9	4	1	3	7	6	8	5

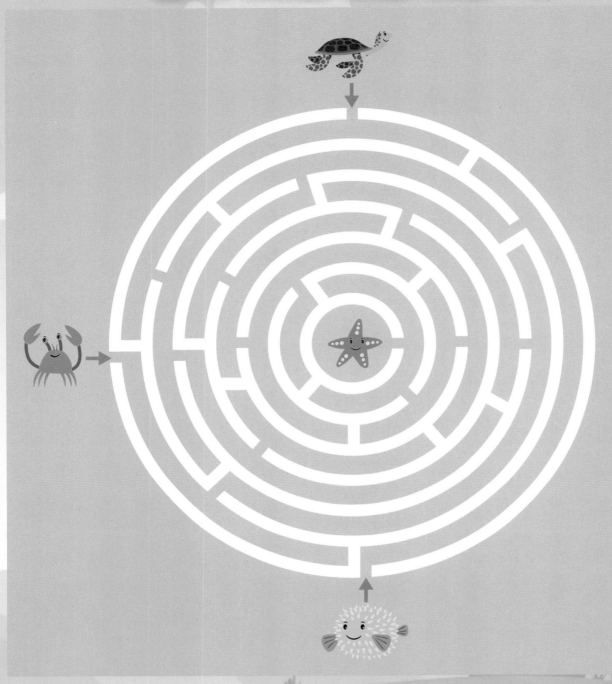

10. ㄱ ㅈ 많은 나무 ㅂ ㄹ 잘 날 없다.

자식을 많이 둔 부모는 걱정이 그칠 날이 없다.

11. 싼 게 ㅂ ㅈ ㄸ

값싼 것은 품질이 나쁘다.

12. 구관이 ㅁ ㄱ 이다.

새로 온 사람보다는 그 일에 경험 있는 사람이 낫다.

7		1			2	9	8	6
8	4				5	3	2	
3	2	6	1			5		
6	1		2	8	9	4	5	7
	7		5	4	1	8		3
5	8	4		6				9
4	9	5	7	2	6	1		
		8		5	3	7	4	2
	3	7			4		9	5

10. 가지-바람

11. 비지떡

12. 명관

7	5	1	4	3	2	9	8	6
8	4	9	6	7	5	3	2	1
3	2	6	1	9	8	5	7	4
6	1	3	2	8	9	4	5	7
9	7	2	5	4	1	8	6	3
5	8	4	3	6	7	2	1	9
4	9	5	7	2	6	1	3	8
1	6	8	9	5	3	7	4	2
2	3	7	8	1	4	6	9	5

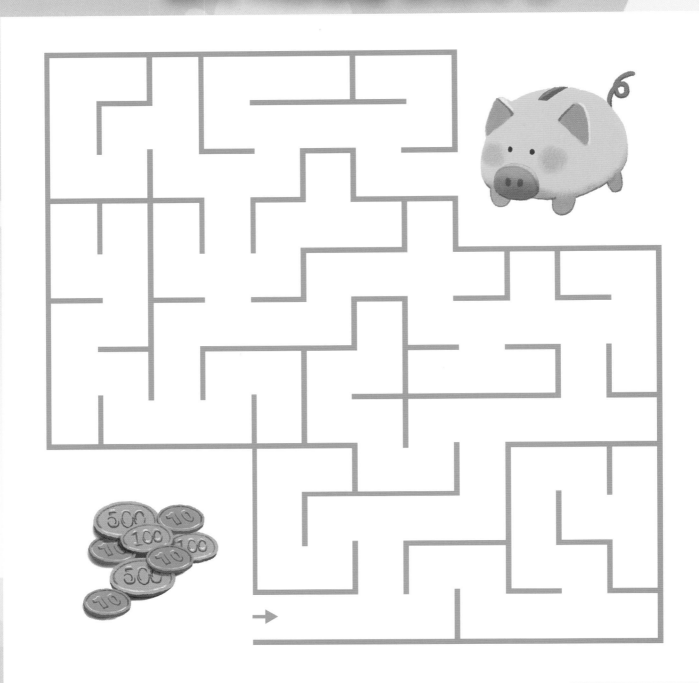

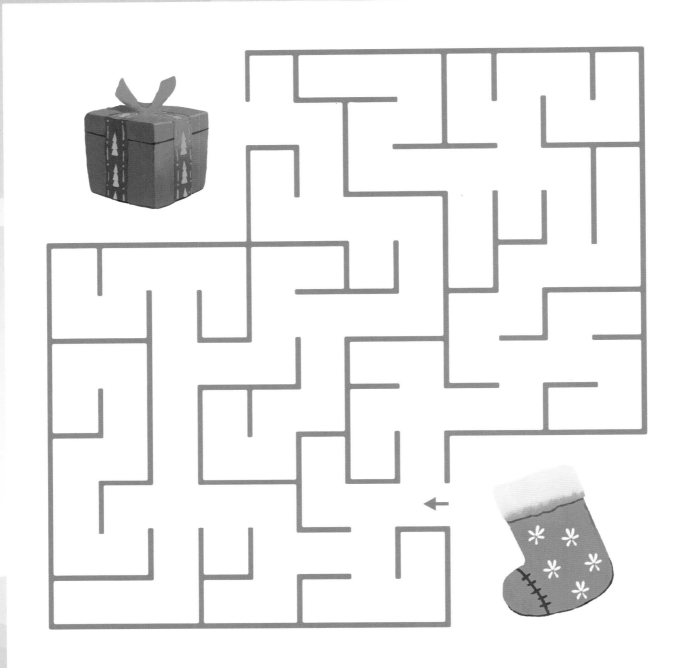

13. 굽은 나무가 ㅅ ㅅ 을 지킨다.

> 못난 자식이 오히려 부모를 섬긴다.

14. 기왕이면 ㄷ ㅎ ㅊ ㅁ

> 같은 조건이며 좀 더 나은 것을 선택한다.

15. ㄱ 이나 보고 ㄸ 이나 먹어라.

> 상관없는 일에는 괜히 참견하지 않는 것이 이롭다.

DATE

TIME

	1	7			6	2	5	9
3	6	5		9	2	1	4	
	4	2	5	7	1	6	8	
4	7		2	6				1
6			1	3				5
5	3	1	4	8				
2	9	3	6	5	4	7	1	8
7		4	9	1	3	5	6	
1			7	2			9	

13. 선산

14. 다홍치마

15. 굿–떡

8	1	7	3	4	6	2	5	9
3	6	5	8	9	2	1	4	7
9	4	2	5	7	1	6	8	3
4	7	9	2	6	5	8	3	1
6	2	8	1	3	9	4	7	5
5	3	1	4	8	7	9	2	6
2	9	3	6	5	4	7	1	8
7	8	4	9	1	3	5	6	2
1	5	6	7	2	8	3	9	4

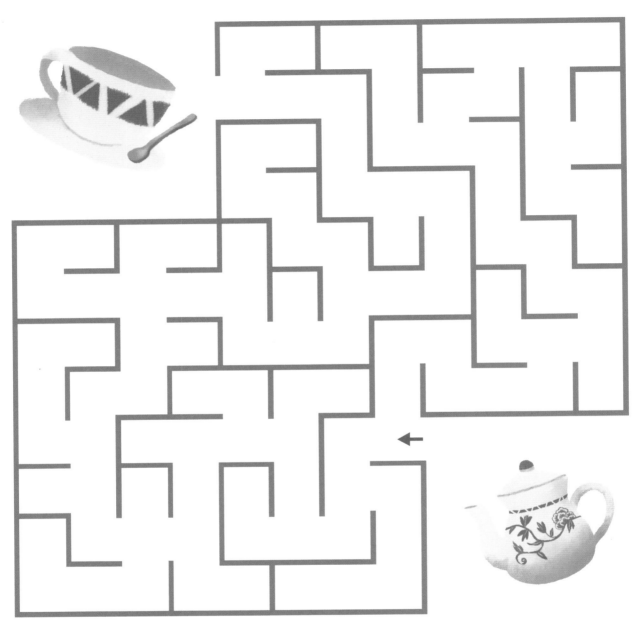

축구 골대를 찾아서 ㊾

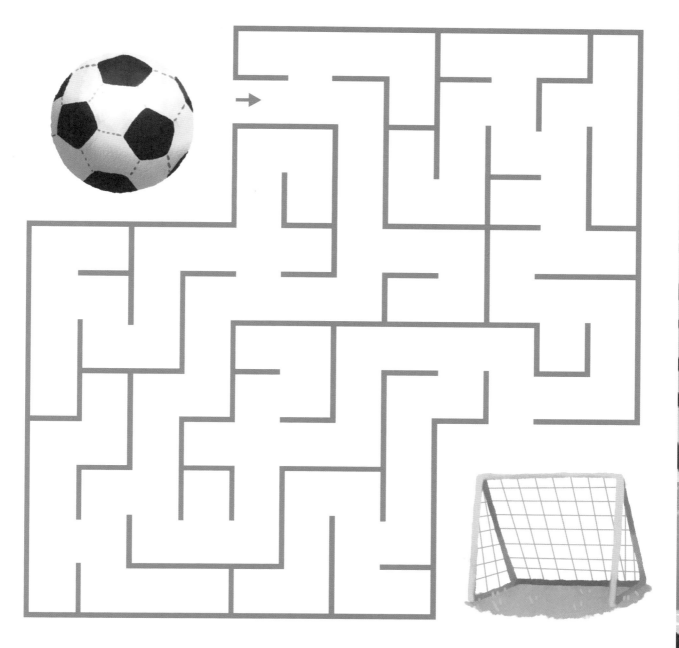

77

속담 게임

16. ㄱ ㅁ ㄱ ㄹ 3년이요 ㅂ ㅇ ㄹ 3년이라.

옛날 새로 시집 온 여자는 괜한 일은 못 들은 체하고 말수를 줄이는 것이 좋은 처세다.

17. 늦게 배운 ㄷ ㄷ ㅈ 에 날 새는 줄 모른다.

남보다 늦게 배운 사람이 오히려 더 적극적으로 행동한다.

18. ㅂ ㅈ ㅈ 도 마주 들면 가볍다.

간단한 일이라도 여럿이 힘을 합치면 쉽게 끝낼 수 있다.

79

SUDOKU
스도쿠

7	9	2		3		5	4	8
4	1	3		2		9	7	6
6	5	8	9		4		1	2
5		1	7	8	3			4
	7	9	1					5
		6	2	9	5	7	3	1
2	6	7	4		9			
1	3			6	7	2	5	
	8		3	1	2		6	7

16. 귀머거리–벙어리

17. 도둑질

18. 백지장

80

7	9	2	6	3	1	5	4	8
4	1	3	5	2	8	9	7	6
6	5	8	9	7	4	3	1	2
5	2	1	7	8	3	6	9	4
3	7	9	1	4	6	8	2	5
8	4	6	2	9	5	7	3	1
2	6	7	4	5	9	1	8	3
1	3	4	8	6	7	2	5	9
9	8	5	3	1	2	4	6	7

마법의 거울을 찾아서 ㉝

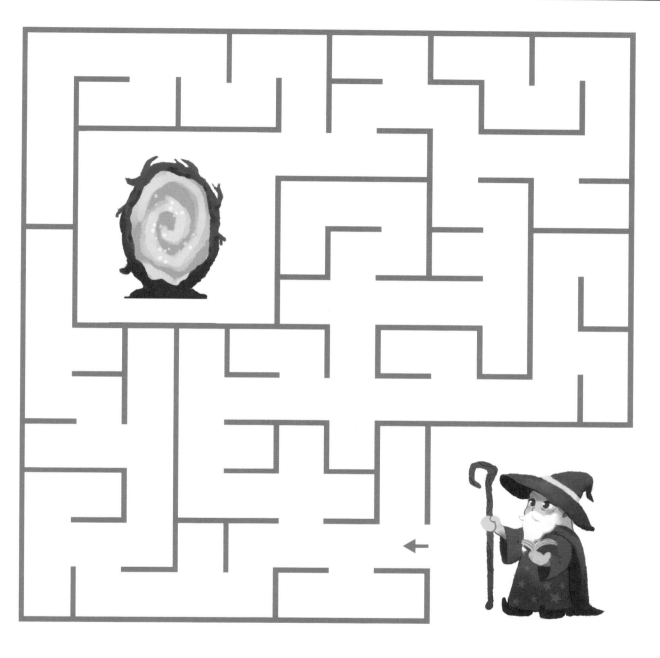

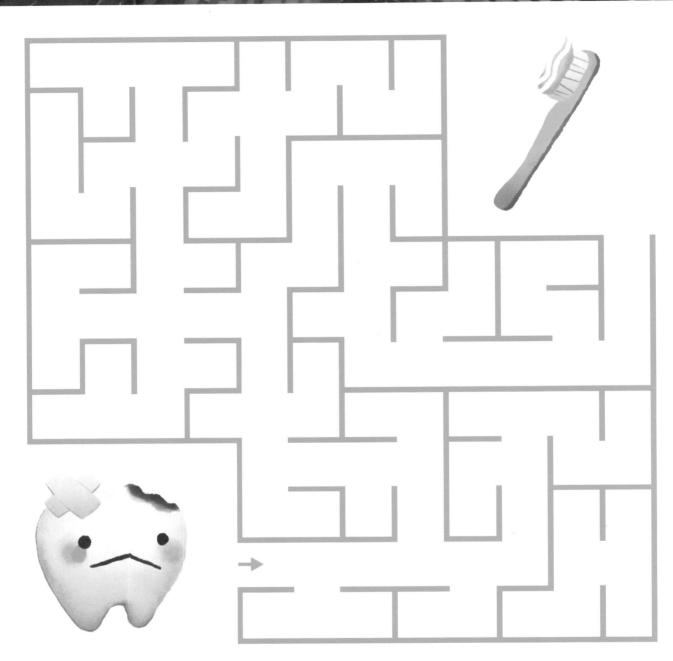

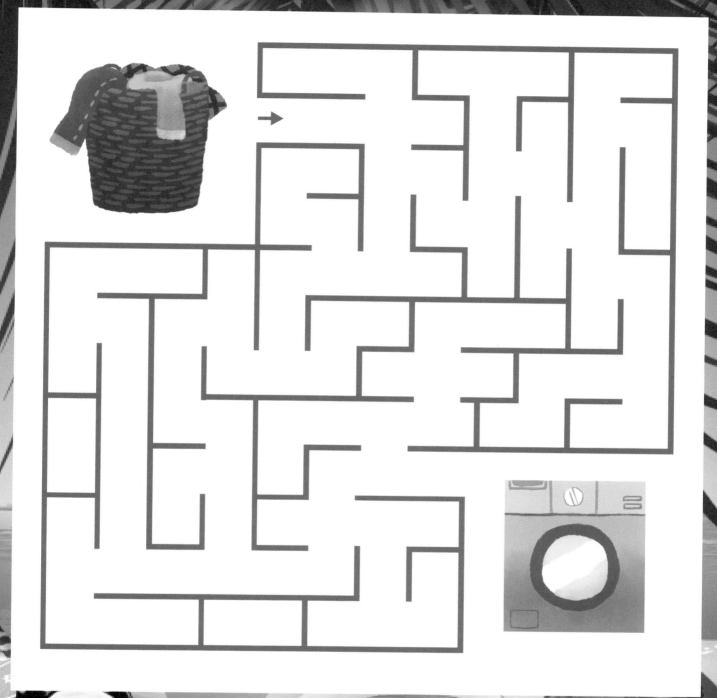

속담 게임

19. ┃ㅂ┃ㄸ┃ㅁ┃의 소금도 집어넣어야 짜다.

> 손쉬운 작업이라도 정성을 기울여야 결과가 이루어진다.

20. ┃ㅂ┃ㅅ┃ㄹ┃가 더 요란하다.

> 아는 것도 별로 없는 사람이 오히려 더 잘난 체한다.

21. ┃ㅇ┃ㅇ┃하고는 살아도 ┃ㄱ┃하고는 못 산다.

> 답답한 성격보다는 애교와 눈치 있는 편이 낫다.

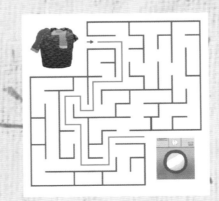

2	3		1	8			7	4
	1	7	3		2	6		8
	8		4	7	6	1	2	
6	7	8		9			3	5
1	2	5		4	3		6	
3	9		5	6	8	2		7
8	6		9			7	5	
	5	1			7			6
	4	2	6	3			8	

19. 부뚜막
20. 빈수레
21. 여우-곰

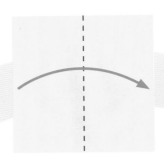

1 종이를 세로로
반 접어 주세요.

★ ★ ☆
개구리

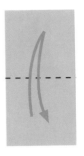 

2 가로로 반 접고 다시 한번 더 반 접었다
펴 주세요. 3개의 표시선이 생겼어요.

 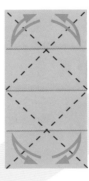

3 점선에 맞춰 접었다 펴 주세요.
반대쪽도 똑같이 해 주세요.
X자 모양이 2개 생겼죠.

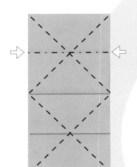 

4 양 옆의 삼각형을 안쪽으로 눌러주면
위쪽에도 삼각형 모양이 생겨요.
잘 눌러 접어 주세요.

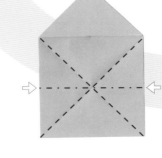

5 아래쪽도 똑같이 만들어야 해요.
양 옆의 삼각형을 안쪽으로 눌러주면
삼각 주머니 모양이 생겨요.

2	3	6	1	8	9	5	7	4
4	1	7	3	5	2	6	9	8
5	8	9	4	7	6	1	2	3
6	7	8	2	9	1	4	3	5
1	2	5	7	4	3	8	6	9
3	9	4	5	6	8	2	1	7
8	6	3	9	1	4	7	5	2
9	5	1	8	2	7	3	4	6
7	4	2	6	3	5	9	8	1

11 점선을 따라 계단접기
해 주세요.

12 눈을 그려 주면 귀여운
개구리가 돼요.

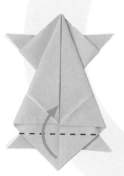

10 아래를 조금 띄우고 접어 올려서
안쪽으로 넣어 주세요.

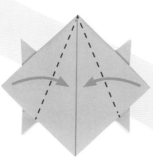

9 종이를 뒤집고 점선을
따라서 접어 주세요.

8 아래쪽도 똑같이 접어 주세요.

6 양쪽 모서리를 위 ●에
맞춰 접어 주세요.

7 절반을 바깥쪽으로
내려서 접어 주세요.

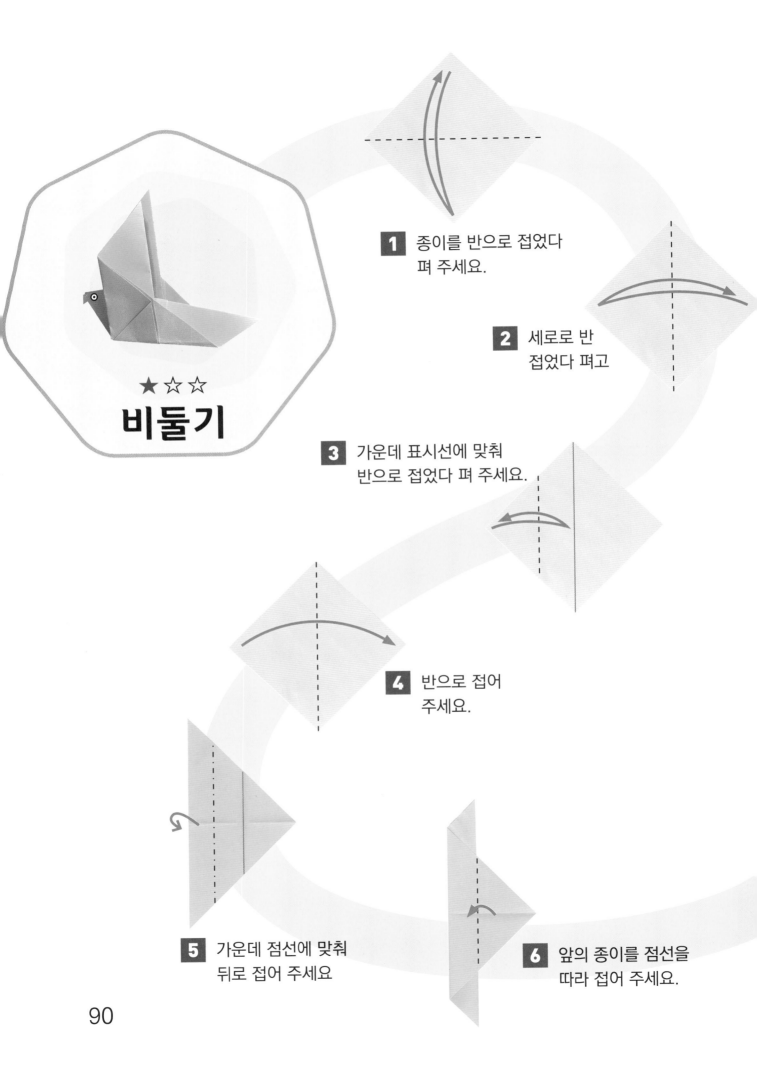

★ ☆ ☆
비둘기

1 종이를 반으로 접었다
펴 주세요.

2 세로로 반
접었다 펴고

3 가운데 표시선에 맞춰
반으로 접었다 펴 주세요.

4 반으로 접어
주세요.

5 가운데 점선에 맞춰
뒤로 접어 주세요

6 앞의 종이를 점선을
따라 접어 주세요.

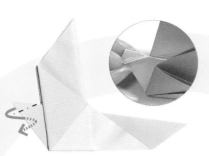

11 삼각형 머리 부분을 안쪽으로
넣어 접기 해 주세요.

10 앞쪽 머리 부분을 점선을
따라 접었다 펴 주세요.

9 아래쪽 종이도
뒤로 접어 올려
주세요.

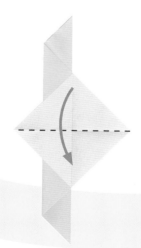

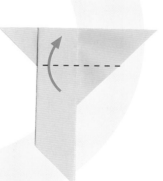

7 반으로 접어 아래로 내려 주세요.

8 점선을 따라 앞의 종이를
올려 접어 주세요.

색칠하기

3월

3월 벛꽃

벛꽃에 천막

일본의 벛꽃 축제는 3월 절정을 이룬다. 그래서 3월의 문양은 벛꽃으로 가득하다.

3광의 벛꽃 아래 보이는 것은 어떤 행사 때에 치는 만마꾸(まん幕[まく])라는 천막이다.

어른을 위한 미로 찾기

초판 1쇄 인쇄 | 2023년 8 월 14일
초판 1쇄 발행 | 2023년 8 월 21일

지은이 | 건강 100세 연구원
편 집 | 정종덕
제 작 | 선경프린테크
펴낸곳 | Vitamin Book 헬스케어
펴낸이 | 박영진

등 록 | 제318-2004-00072호
주 소 | 07251 서울특별시 영등포구 영신로 40길 18 윤성빌딩 405호
전 화 | 02) 2677-1064
팩 스 | 02) 2677-1026
이메일 | vitaminbooks@naver.com

©2023 Vitamin Book 헬스케어

ISBN 979-11-89952-91-4 (13690)

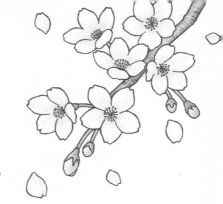

어르신
레크레이션 북
시리즈

뇌 훈련·간병 예방에 도움되는

쉬운 색칠 그림

색칠하기 쉬운!
심플한 그림!

1 봄·여름 꽃 편
마음에 드는 그림을 골라 색칠을 해 보세요.

2 가을·겨울 꽃 편
색칠을 하면 그대로 그림엽서가 되고 짧은 글도 적을 수 있어요.

3 야채 편
야채의 특징과 효능, 읽을거리 등 해설과 사진을 첨부하여 더욱 즐겁게 색칠할 수 있어요.

4 봄에서 여름을 수놓는 꽃 편
봄·여름 개화 순서로 나열되어 있어서 처음부터 색칠해도 좋아요.

5 과일 편
견본을 보고 똑같이 색칠하는 작업은 뇌가 활성화된다고 해요. 견본을 보면서 색칠해 보세요~

화투는 1월부터 12월까지 1년 열두 달에 해당하는 그림이 각각 4장씩 48장으로 구성되어 있는데 이 책에서는 여러 가지 색상으로 칠할 수 있는 그림을 골라 실었습니다.

1월 송학松鶴, 2월 매조梅鳥, 3월 벚꽃, 4월 흑싸리, 5월 난초蘭草, 6월 모란, 7월 홍싸리, 8월 공산空山, 9월 국진, 10월 단풍, 11월 오동, 12월 비 등

쉽고 간단한 접기를 시작으로, 어렸을 때 한번쯤 접어보았음직한 것들을 위주로 구성.

너무 어려운 것은 제외하고 간단한 접기에서부터 중간 단계의 것을 모아, 접는 방법을 자세히 설명.

헷갈리기 쉽고 어려운 부분은 사진으로 한번 더 설명했으니 서두르지 말고 설명에 따라 정확하게 접어 보세요.

이 책의 특징

화투 그림의 의미

1월부터 12월까지 월별로 각 그림에 담긴 의미를 자세히 설명.

화투 그림 색칠 순서

처음부터 색칠해도 좋고 마음에 드는 그림을 골라 색칠해도 좋습니다.

화투 스티커 붙이기

화투 그림의 전체 모양을 생각하며, 각 스티커의 모양과 색깔을 유추해내고 순서에 맞게 붙입니다.

어르신
레크레이션 북
시리즈

5		4		7	6	9	3	
6		9	5	3	8	4	2	1
3	8	2	1	9		5		6
4	2		8	1		7	6	
1	9	6				8	5	
7	3			4	5	2	1	9
	4	7	3					
		3	4	8	7	1	9	
8		1	9	6	2		4	7

숫자 놀이에 어느새 머리가 좋아집니다!

놀이 삼아 재미있게 가로세로 숫자퍼즐을 풀다 보면 자연스레 사고능력이 향상
됩니다. 숫자를 이용한 판단력은 두뇌 발달은 물론 지능 개발, 정보습득 능력과
문제의 이해를 통한 문제해결력 향상을 가져옵니다. 숫자를 이용한 문제풀이로
두뇌가 발달되어 건강한 생활을 유지할 수 있습니다.

계속 출간됩니다~ ♥

쉬운 색칠 그림⑥ 화투 편

화투는 1월부터 12월까지 1년 12달 각 달에 해당하는 그림이 각각 4장씩 48장으로 구성되어 있습니다. 이 책에서는 여러 가지 색상으로 칠할 수 있는 그림을 골라 실었습니다. 견본을 보고 똑같이 색칠하거나 자기만의 색깔로 칠해 보세요.

쉬운 종이접기

쉽고 가장 간단한 접기를 시작으로, 너무 어려운 것은 제외하고 중간 단계의 접기까지를 모아, 접는 방법을 자세히 설명하고 있습니다.

어른을 위한 스도쿠 초급 편, 중급 편

스도쿠 입문자들을 위해 문제를 푸는 방법을 친절하고 자세히 설명했고, 풀기 쉬운 초급부터 중급까지 수록했습니다. 스도쿠는 집중력과 기억력 향상에 좋습니다.

어른을 위한 미로 찾기

큰 판형으로 시원하게, 다양하고 알찬 주제로 재미있게, 미로 찾기로 두뇌를 자극하면 집중력과 인지력이 향상됩니다.

어른을 위한 낱말 퍼즐 ① ② 출간 예정

십자 말 퀴즈를 많이 규칙적으로 풀어보면 기억력 저하 방지 효과가 있으며, 상식과 어휘 실력도 기를 수 있습니다.

초성 게임 출간 예정

초성게임이란 정답의 자음만 알려주고 맞혀보는 퀴즈를 말합니다. 한자 사자성어, 속담도 배우고 익히며 인생의 지혜도 맛볼 수 있습니다.

쉬운 한자 퍼즐 출간 예정

실생활에서 많이 사용하는 한자 200여 단어를 퍼즐 형식으로 수록. 퀴즈를 풀다보면 두뇌 회전은 물론 어휘, 우리말 맞춤법도 정확해지는 효과를 얻을 수 있습니다.

숨은 그림 찾기 출간 예정

놀이로 시작하여, 흥미를 가질 수 있도록 쉬운 것부터 점점 어려운 것으로 난이도를 조절하였으며 집중력과 관찰력을 키웁니다.

다른 그림 찾기 출간 예정

똑같아 보이지만 어딘가 다른, 그림을 자세히 관찰하고 꼼꼼하게 다른 부분을 찾다 보면 관찰력, 변별력, 집중력을 높여줍니다.

비타민북은 독자 여러분의 투고를 기다립니다.